憲法九条は世界遺産

古賀 誠

かもがわ出版

はじめに

二〇一八年の夏、兵庫県の神戸市を訪れ、講演をする機会を与えていただきました。「憲法九条は世界遺産」というのが、主催者からいただいた講演のタイトルでした。

なぜ私が憲法九条を「世界遺産」と呼ぶほど大切にしているのか。神戸でお話ししたことをもとにして、さらに突っ込んで述べてみたいと思います。

もくじ●憲法九条は世界遺産

挿画：おちあいけいこ

一　震災復興への思いと絆の大切さ

私が講演のために神戸市を訪れた二〇一八年というのは、早いもので、阪神・淡路大震災[1]から二三年以上が経った年でした。あの大震災のとき、私は自由民主党の筆頭副幹事長でした。それから二三年後の講演の日、見事に復興された神戸市を見て、人間力のすばらしさ、またあのときお互いに支え合うことのできた人と人との絆、すばらしいものを日本民族は持っているとあらためて思わざるを得ませんでした。

1、一九九五年一月一七日に発生した兵庫県南部地震による大規模地震災害。近代都市での災害の重大さが世界中に衝撃を与えた。犠牲者はそれまで戦後最大だった伊勢湾台風の五〇九八人を上回り、六四三四人に達した。

神戸市に招かれる直前、中国地方で大変な水害[2]が発生しました。当時、その復旧、復興に多くの人が携わっていました。人間一人ひとりの力は乏しくとも、みんなが助け合えば必ず復興できる。阪神・淡路大震災も、東日本大震災もそうでありました。

物資の支援も大切でありますが、いつも一番大事なのは、被災者の方々に寄り添うことではないか。そして一言、「がんばってください。がんばりましょう」という、そういう力強い言葉と励ましこそが、被災者の皆さま方にとって一番の応援になるのではないか。私はそういう思いをいたしております。

災害からの復旧、復興というのは、夏であれ冬であれ、厳しい環境下での作業ですから、現地の方は、ボランティアを含めてさぞかし大変だと思います。神戸での講演の際には、参加者の皆さま方と一緒に、中国地方の被災者の方々にあらためてお見舞いを

2、二〇一八年六月二八日から七月八日にかけて西日本を中心に広い範囲で記録された集中豪雨。台風七号と梅雨前線等の影響によるもの。

申し上げますと同時に、心から激励の言葉を発信したいと思い、最初にひと言、そのことを申しあげさせていただきました。

神戸に私を呼んでくれた主催者は、その四年前、私がもっとも尊敬する野中広務[3]先生を招いて、そのお話を伺ったと聞き及んでおります。

野中先生の政治家としての力量、能力には遠く及びませんが、私も、たった一回の人生で政治という厳しい道を選んだ一人として、「先生のような政治家としての生きざまを貫きたい」――常々、そう願って野中先生の後を歩いて三二年、政治活動を続けさせていただくことができました。そしてそのことを、本当に誇りに思います。

本当なら今、野中先生に元気でいていただいて、次の世代にどういう国を残すべきなのか、語ってもらいたいし、つないでももらいたい、その先頭に立っていただきたい。そういう思いがする

3、日本の政治家。一九二五年に京都で生まれ、京都府副知事、衆議院議員（7期）、自治大臣、国家公安委員会委員長、内閣官房長官、沖縄担当大臣、沖縄開発庁長官、自由民主党幹事長、自由民主党行政改革推進本部長などを歴任。二〇一八年一月二六日死去。

のは決して私だけではないと思っております。

しかし残念ながら、昨年（二〇一八年）一月二六日、野中先生は九二歳の天寿をもって天界へと旅立たれました。無念や悲しみを乗り越えて、野中先生との交わりに悔いを残さないために何をするべきなのか。もう一度、考えてみたいという思いを持っている日々であります。野中先生の四年後に神戸に招かれ、そんなことを感じました。

二　政治の最も大事な点は国家と国民に責任を持つこと

総理大臣は何を志すべきか

わが国の議院内閣制[4]のもとでは、自由民主党の総裁が総理大臣になることがはっきりいたしております。衆議院でも、参議院でも自由民主党という政党が比較第一党だからであります。

自由民主党は党則に従いまして、昨年九月に総裁選挙をやりました。その結果、安倍晋三さんが総裁に三選され、引き続き総理

4、政治制度を議会と政府との関係の点から捉えて分類した政治制度の一つ。議会と政府は分立するが、政府は議会の信任によって存立する政治制度である。アメリカも議会と政府は分立するが、議員だけでなく大統領も国民の直接選挙で選ばれる点で議院内閣制と異なり、大統領制と呼ばれる。

大臣の職務を務めておられます。

国家と一億二〇〇〇万人の生命と財産を預かる、きわめて責任の重い指導者として、総理大臣は何を志すべきなのか。個別的に言えばいくつもあろうかと思いますが、一番大事な点は国家と国民に責任を持つことだろうと思います。

二つ目は、世界の国々に日本の指導者としてどういう責任を果たすのか、ということであろうかと思います。

三つ目ですが、長寿を全うできる日本の国ですが、そうは言っても、われわれもいつか消え去る時代を迎えるわけであります。しかし、私がお話させていただいた神戸も、兵庫県も、そしてこのすばらしい日本の国も、悠久の生命を持つものでありますから、次の世代へと引き継がれるものです。

次の世代の人たちにこの国に生まれた感謝と、ふるさとへの誇り、そうしたものが持てる国であり、ふるさとでなければならない。次の世代の人たちに責任を持つことのできる政治家でなければいけないと思います。

私は日本の総理大臣は、少なくともこの三つには自覚と責任を持っていただく必要があると思います。

安倍首相の努力は評価する

安倍晋三総理がこの七年ほどの間、総理大臣として、一生懸命にがんばっていただいているということは認めます。古賀誠にできるかと言えば、とてもできません。だから七年も総理大臣でいることができており、これは政治を安定させるという意味でも非常に大きなことだと思うし、安倍総理の努力は評価をしなければならないと思います。

一つの評価としては、アベノミクスで経済がよくなりました。

経済の力は国の力だという言う政治家がいることも間違いありません。

安倍総理が再登板するまでの民主党政権のときから見ますと、はるかに経済状況がよくなっていることは事実です。あの当時日経平均株価[5]は七〇〇〇～八〇〇〇円でしたが、今は二万二〇〇〇円です。

これは、株を持っている人だけの喜びではなく、やはり経済が少し明るくなった、景気がよくなってきたという指標として、私は株価も大事なものであろうと思います。

民主党政権のときの有効求人倍率[6]は〇・八前後でしたが、今は一・六になっております。高校を卒業する人も、大学を卒業する人も、かつてのような就職活動の苦しさはない。むしろ採用する企業側が「うちに来てください。こういう条件を出します」などといろんなことを考えなければいけない。こういう逆転作用が起

5、東証株価指数（TOPIX）と並んで、日本の株式市場の代表的な株価指標の一つ。現在、東京証券取引所第一部に上場する約二〇〇〇銘柄の株式のうち二二五銘柄を対象にしている。

6、仕事を探している人一人あたり何件の求人があるかを示すもの。求人数を求職者数で割ることによって求められる。

きているのも事実であります。

企業の内部留保[7]も大きく増えました。今、約四四六七兆円と言われています。民主党の政権のときから比べますと約一四五兆円増えています。

象徴的な訪日外国人の増加

一番分かりやすい経済指標のGDP[8]は五六兆円増えて、一昨年は五四九兆円であります。これはアベノミクスという大胆な金融緩和、機動的な財政出勤、そして成長戦略によるもので、とりわけ成長戦略では、国民の皆さんにも非常に分かりやすい現象が出てきています。訪日外国人がここに来て急速に増えています。

私のふるさとは福岡県大牟田市で、神戸に招かれた日は、大牟田市から新幹線で参りました。新幹線は結構混んでおり、姫路で

7、基本的には企業の利益金額から役員賞与、配当、役員賞与金、租税などを除いた部分を、企業の成長のために社内に留めおくこと。

8、国内総生産（Gross Domestic Product）。一定期間内に国内で産み出された付加価値の総額のことで、原則として市場で取引された財やサービスの生産が計上される。

たくさんの方が降りられましたが、ほとんど外国人でした。次の新神戸駅で残りのほとんどの方も降りました。姫路と新神戸は外国人観光客の方から人気があるのでしょう。兵庫県というのは、食べ物はおいしいものがたくさんありますし、夜景、有馬温泉、いろんな観光スポットがきら星のごとく外国人の皆さんには映ることだろうと思います。

民主党政権のときの訪日外国人は年間で約八七〇万人でしたが、最近は約三〇〇〇万人と急速に伸びています。いろいろな政府の打った政策が確かに効いていることは事実です。

オリンピックのときにはいよいよ四〇〇〇万人を目標にするということで、地方にもこうした訪日外国人の方々の恩恵をどうつくりだしていくのかが議論されており、地方の名産物も全部、免税品として扱うなど、政府も努力しています。成長戦略はインバウンド[9]を大きくするという効果を現してきています。

9、訪日する外国人観光客のこと。もともと「外から中に入ってくる」という意味で、反意語はアウトバウンド。

アベノミクスというのは、一〇〇%は成功していないかもしれませんが、今、申し上げましたような点から言えば、やはり景気や経済は好調で、安倍政権に評価として与えてもいいのではないかと思います。

アベノミクスには問題もある

しかしこれは、非常に大きく難しい問題を抱えながらの経済・財政政策だということも、われわれは一方ではしっかりと考えておく必要があると思います。

今、わが国が抱えております政府債務は約一〇〇〇兆円であります。大規模な金融緩和[10]による低金利に支えられた膨大な借金によって、機動的な財政出動が、わが国の経済を下支えしています。金融緩和にはいずれ出口がやってまいります。借金をずっとこ

10、中央銀行（日本の場合は日本銀行）が景気を刺激するためにとる政策の一つ。短期金利を引き下げ、資金供給量を増やすことにより中長期金利を低下させ、企業や家計への融資を拡大させたりすることによって、経済の活性化が促されることを期待してとられる。一方、国の借金を増やす結果になったり、金融機関の体力を奪うとの批判もある。

れからも増やし、次の世代に引き継ぐということは、できませんしやってはいけないことです。結果としてそうした将来に対する責任、これを私たちは念頭に置く必要があります。

三 政治の要諦は平和 ——母親から学んだこと

国家と国民に対する政治の責任のことを申しあげました。その点をより深く考えてみますと、一番大切な要諦は、私は平和だと思います。

平和でなければスポーツも、経済も、観光もありません。日本の国が平和だから訪日外国人の皆さんは安心して足を運んでくれるのです。治安が安定しているのも、日本の生活レベルが極めて良好なのも、すべての面で、日本の国が平和の中に今日を迎えることができているからだということを忘れてはなりません。

寝ている母親の記憶がない

私事で恐縮でありますが、私は福岡県の一番南に位置する大牟田市のすぐ近くにある小さな片田舎で、昭和一五（一九四〇）年に出生をいたしております。瀬高町《せたかまち》[11]という町です。

家は農村地にあったのですが、農家ではございません。父親は小さな乾物店を営んでおりました。

父親は姉と私を残して、私が二歳のときに二度目の出征[12]をいたしました。三三歳のときであります。そして、二度と帰らぬ人となりました。

生まれてまもなくですから、私は父親の顔も、そのぬくもりさえも何一つ覚えておりませんし、仏壇に飾ってある遺影を見て

11、二〇〇七年一月二九日に同郡の山川町および三池郡高田町との合併により消滅し、現在はみやま市となった。旧町役場が、そのままみやま市の市役所本庁となっている。

12、軍隊に入って戦地に行くこと。

も、思い出というものを何一つ思い起こすことはできません。悲しいことに「お父さん」と呼んだことのない人生であります。

父が出征したあと、母親の命がけの人生が始まりました。農家なら米や麦、畑で野菜をつくったり、土地さえあれば自給自足ができないわけではありません。

しかし、残念ながら農家ではございませんので、食べていくのに一番手っ取り早いのが、隣近所を歩いて行商[13]に出るということでした。母親は、私が物心ついたときから行商に出ていました。

その行商も、売れない場合のことを覚悟しなければいけないから、生物《なまもの》ではなくて乾物類、例えば缶詰とか干物、いりこだとか昆布だとか、日持ちがよくて日用品になるものを扱うのです。魚が買えない山村部に行けば干物が売れるわけです。食を得るために、隣村や隣町へ自転車の荷台にいっぱいの乾物などを積み込んで、一軒一軒訪ねて歩いてくれたものです。

13、特定の店舗を持たず、商品を運び、販売をする小売業。客の注文を受けて運搬して行く配達とは違い、客がいそうなところに商品を運び、販売をする。

ORANGE

そういう環境の中で私は少年時代を過ごしました。朝早く起きて、夜遅くまで遊んだ少年時代を思い起こしますと、母親が寝ていた姿を見たことはありません。朝は四時か五時に起きて、家事をするのか仕事の準備をするのか、それは分かりませんが、生活の一つひとつを一生懸命にこなしてくれていました。夜も私や姉が寝て、それから床に就くわけです。

食の乏しい戦中、そして戦後、姉と私をどうやって無事に大きく育てるのか、これが母親の人生としてのすべてであったはずであります。女性としての歓びなんてことは考える余裕もなかったでしょう。

「貧乏はイヤだ、こんなつらい母親の背中は見たくない」

私が国会議員に当選したあと、当時の議員歳費[14]は高いわけでは

14、「国会議員の歳費、旅費及び手当等

なかったけれど、もう食べていける状態にはなったのだし、それなのに母親を働かせていると思われることを気にして、「もう外に出るのはいいじゃないの」と言ったのです。けれども、「自分は自分で生活をする」と言って聞き入れてくれませんでした。やっぱり明治の女ですね。

自転車に売り物を乗せて行商するのですが、自転車が転がせないようになる六〇歳前後まではやっていました。足腰が弱ったあとは自宅の前に小さな乾物店を開いて、国会議員になってもずっとその店を続けていました。八二歳で亡くなりましたが、最後まで小さな店で座って店番をしていました。

母親から学んだのは、その生きざまです。「自分は自分でできることの範囲内で生きていくのだ、他人にご迷惑をかけない」というものでした。ご迷惑をかけないという言い方は適切ではないかもしれません。

支給規程」にもとづき、日本の国会議員に対して支払われる給費。地方議員に支払われる給与は議員報酬と呼ばれ、それ以外の公職につく者の給与は単に給与と呼ばれるので、国会議員給費に限った呼び方である。明治憲法下の議院法における名称をそのまま引き継いだとされる。

いま現在、社会保障をめぐって、自助と共助と公助とに分けて論じられますが、あの時代の人たちには自助しかなかった。共助はないことはなかったかも知れませんが、公助なんていうのはとても望めない時代でした。国自体が貧乏なのですから、そんな甘えは許されなかったのです。その時代に、「自分は自分で生活をする」ことを最後まで自分で貫いたのが私の母親でした。その母親から学んだ精神を大事にしたいと私は思います。

「貧乏の経験は必要だ」とよく言いますが、経験したものしかそのつらさは分かりません。

「なぜ日本の国は戦争をしたんだろうか」「なぜこういうつらい思いをする母親の背中を見なければいけないのだろうか」。それが私の思いです。

私の小学校、中学校の頃は大きな志や目標というものを持つことはありませんでした。しかし、「貧乏はイヤだ。こんなに一生

15、「自助」は自分自身の力で行うこと。「共助」は地域コミュニティで力をあわせること。「公助」は公的機関が問題を解決することを言う。江戸時代の米沢藩主であった上杉鷹山が自助・互助・扶助（藩が乗り出すこと）の「三助の実践」を考えたのが始まりであると言われる。

懸命に働かなければいけない母親の姿を見るのはイヤだ」ということだけは、私の心の中から消えることのない想いであります。

お袋だけを幸せにするためなら別の道もあった

私がなぜ政治の道を選んだのかというと、母親だけがそういう目に遭っているのではなかったからです。目の前に何百万という未亡人がいる、あの戦争の犠牲者がいる。もっと目を広げて見れば、亡くなった方のご兄弟、ご姉妹もいるし、なによりも子どもを亡くした父母がいるということでした。

私が政治家を志したころは、まだ戦没者のお父さんお母さんはたくさんいらっしゃったのです。息子を亡くした親はどんな思いだったのだろうと考えました。こんな思いをしたのは母親だけじゃないのだ、いっぱいいるのだ。このいっぱいいる人たちに何かをしようと思った時に、やはり政治が大事かなと思ったのです。

これだけは誓っていえます。母親だけを大事にしようと思ったら、金儲けすればよかったのです。そうでなくても何かほかの道があったかもしれない。しかし、多くの人たちが母親と同じように夫を亡くしていたし、子どもを亡くしたたくさんの両親がいたからなのです。

われわれは、そういう環境にいても、小さいときは決してつらいという思いはなかった。それが当たり前みたいな状態だったからです。そして何か大きな夢がありました。いまではないような隣近所のお付き合いがあったし、助け合い、支えあいがありました。

だから再び戦争をくり返してはならないと思いました。そのために政治を志したのです。きれいごとを言うようだけれど、これが率直な気持ちだったと思います。

「住み込みでまず人間修行をしなさい」

高校時代は学校の先生にも恵まれました。ある先生からは、「あなたの境遇から、あなたが描いた政治家への道を可能にするためには、思い切って国会議員の秘書として、書生[16]として、お母さんに金銭的な迷惑をかけずに政治の勉強をする道を選んだらどうだ」と言って、私にがんばれと指導していただきました。

政治家になりたいという私の気持ちを母親に伝えました。母親は、すでに述べたように、私が東京に行っても仕送りはできないという状態でしたが、そういう環境でも、政治家になりたいという私の夢を断ち切るようなことは一切しなかった。

私が自民党幹事長のときですが、国会の代表質問で、自分の青

16、漢語の本来の意味は、勉学をする余裕のある者のこと。日本では、地方出身の篤志家が、生活に困窮する若者を住居の一角に住まわせ、家賃の代わりに簡単な家の手伝いをさせるような場合に使われてきた。

春時代を振り返って、「不良少年のときもあった」と堂々と告白しています。万引きするとか、そういう社会的な犯罪をしたわけではありません。弱い学生がいじめられたりすると、助けに行って喧嘩するとか、とても恥ずかしいこともいっぱいやってきた。そういう子どもだったけれど、母親は私のことを信用してくれました。

高校を出るときですが、「そんな喧嘩して番長になったって、そんなことで政治家になったって、世の中に通るはずがない」と言って、「住み込みでまず人間修行をしなさい」と、大阪の問屋[17]さんに放り込んでくれたのです。そして、「ここで一年しっかり田舎に帰らず我慢して喧嘩もしないで辛抱したら、あなたの好きな道を歩きなさい」と言ってくれました。

こうして私は一年間大阪に丁稚奉公[18]したのです。そして二年遅れて大学に進学することが出来ました。それからの私の人生の選

17、取次ぎを営業として行う商人の一つで、現代における一般的意味としては卸売業者を指す。

18、商店などに年少のうちに丁稚（基本

択に対して、母親は一言も意見をはさみませんでした。
ふところの深い、愛情あふれる母親に感謝で一杯です。

的に給与は支払われず、衣食住は保障される形態で働く年少者。お小遣いが支給されることはあった）として奉公すること。

四　戦争遺族の支援受け　平和な国づくりが志に

政治家の世襲に感心できない理由

政治家になるには政治家の秘書や書生にならなければと、地元から出ている先生ということで、まず最初は高校の先生のつながりで荒木万寿夫[19]先生という、文部大臣までやった先生（衆議院議員）のところに行ったのです。けれども、そこは手一杯で残念ながらかないませんでした。次には飛び込みで同じ地元だった参議

19、昭和期の政治家。大牟田市長を経て国会議員となり、文部大臣・科学技術庁長官・行政管理庁長官・国家公安委員会委員長等を歴任した（一九〇一年～一九七三年）。

院の鬼丸勝之[20]先生を訪ね、書生にしていただきました。そこで温かい支援を受けました。

今、残念ながらそういう道を歩んで政治家になる人は少なく、祖父も父も政治家で、そのあとを継いだという世襲が多い。私は政治家の世襲というのはあまり感心することではないと、いつも冷ややかに見ている一人であります。

私が全く違った道のりを歩いてきたやっかみで申すわけではありません。書生としての大学時代、秘書時代というのは、私のその後の政治活動の大きなエネルギーになりました。乗り越えることができないかも分からない困難に向かい、くじけそうになったときでも、真正面から取り組む力になりました。国会議員の先生の書生としての学生時代の四年間、秘書としての一二年間が、私の政治家の基礎をつくってくれたと今、非常に誇らしげに、思えているのであります。

20、一九一三年、福岡県瀬高町生まれ。戦前、内務省に入省し、戦後は建設官僚を務める。一九六七年に参議院議員。一九七七年に死去。

学生時代の四年間は書生ですから、庭掃除もしなければいけない、靴も磨かなければいけない。そんなことが当たり前でありました。

小遣いはもらえないけれども学費を出していただくからありがたいと、本当にそう思えるような時代でありました。秘書になると車の運転など雑用すべてをさせていただき、給料も本当に小遣い程度でしたがもらえました。そうした姿を母親が一番喜んでくれました。

「これを乗り越えていつか国政に出る。その夢が叶うとするなら、自分はどんなことがあっても、これからもすべて耐えよう」。これが私が母親に見せた姿だったと思います。

「貧乏で行商に行きよった人の息子が立候補している」

一九七九年に衆議院選挙で立候補しましたが、一回目はまだどこの馬の骨かもわからないわけだし、自民党の公認もないのだから無所属でした。当時の新聞ではまったく問題にされない泡沫候補です。

ところが、その泡沫候補が蓋を開けてみたら、次点でわずか四五〇〇票差の惜敗でした。皆が驚く善戦でした。一番大きな力を与えていただいたのは、私の母親と同じ立場の戦争ご遺族でありました。遺族会[21]が私の精神的な選挙の母体でしたし、運動してくれたのも遺族会の方々です。

「ええっ！　貧乏で行商に行きよった人の息子が立候補している。古賀さんは、あのおばさんの息子げな」と評判が立ちました。「遺族会の古賀誠」「戦争未亡人の息子」として、こうした弱者の中から国会をめざしているということから、地域のご支援が一気に広がりました。

21、先の大戦における戦没者の顕彰と慰霊に関する事業、戦没者遺族の相互扶助、生活相談に関する事業などを実施している。全国組織としての日本遺族会は一九四七年創立。

その最初に負けた選挙のあと、浪人生活を送りましたが、その七か月間後、大平正芳[22]内閣による憲政史上初めての衆参同日選挙があります。そこで二回目の挑戦の機会を与えていただき、圧倒的な票を得て当選させていただきました。三九歳にして国政に参画することになります。

この選挙によって、いくつも学ばせていただきましたが、一番学んだことは、貧乏で寝る暇もないような苦労をしたのは、私の母親一人ではなかったことです。私の応援をしていただいたあのおばさんも、隣の奥さんも、聞いてみると全員戦争未亡人だというじゃないですか。

選挙を通じて、戦争がどれだけの多くの命を奪ったのか、戦争というのは、どれだけの多くの不幸な悲しい人たちをつくったのか、そのことが身に染みて理解できました。母親と同じ境遇の人はたくさんいらっしゃったと強く自覚することができました。

22、日本の大蔵官僚、政治家。衆議院議員（11期）、内閣官房長官、外務大臣、通商産業大臣、大蔵大臣、内閣総理大臣を歴任。首相在任中の一九八〇年衆参同時選挙の最中に死去（一九一〇年生まれ）。

憲法九条の問題というのは私のすべて

そして私は、あの選挙を通じて、ご恩返しをしなければと思いました。私を国会に送り出していただいた多くの方々に対してです。

何がご恩返しになるかは明らかです。多くの方との交わりの中で、こういう戦争未亡人を再び生み出さない平和な国をつくりあげていくことが政治だろうと肝に命ずることです。そういう政治家としての志が、大きく私の胸の中に広がっていったのは自然のことだったというふうに思います。

だからこそ、私の一番大事な仕事は、わが国が永久に平和であるために努力することになりました。それこそが私の責務なのであります。

これが私の原点ですから、靖国神社[23]の問題とか憲法九条の問題というのは私のすべてなのです。道路、河川、港湾、空港、鉄道等々族議員とか言われますが、そんなのは付録なのです。

安倍政権には、再登板以来、ある意味では国民の期待に応えているという評価があります。一方で、私が一番心配で不安なことは、多くの国民の皆さんが声には出されなくても平和の問題ではないかと思うのです。

23、幕末から明治維新にかけて功のあった志士に始まり、日本の国内外の事変・戦争等、国事に殉じた軍人、軍属等の戦没者を「英霊」として祀る神社。

五 戦争の反省と平和の決意を込めた憲法九条

血と汗と涙が憲法九条には込められている

私は「憲法九条は世界遺産だ」と申し上げています。何も文化遺産、観光遺産などという意味で世界遺産だと申し上げているのではありません。

あの大東亜戦争[24]に対する国民の反省と平和への決意を込めて、憲法九条はつくられています。憲法九条一項、二項によって、日

24、先の大戦に関する呼称の一つ。真珠湾攻撃直後、東条内閣が日中戦争を含む戦争の呼称を「大東亜戦争」と閣議決定したことに由来する。

本の国は戦争を放棄する、再び戦争を行わないと、世界の国々へ平和を発信しているのです。これこそ世界遺産だと私は言っているのです。

戦後七四年、わが国は一度として、まだ他国との戦火を交えたことはありません。平和の国として不戦を貫くことができています。これは憲法九条の力であり、だからこそ憲法九条は世界遺産なのです。これはどんなことがあっても次の世代につないでいかねばならない、われわれの世代だけのものであってはいけないと思っています。

あの大東亜戦争で、多くの人が無念の思いで命をなくし、その結果として、子どものために人生のすべての幸せを捨てた戦争未亡人はじめ多くの戦争遺族の血と汗と涙が流されました。その血と汗と涙が、憲法九条には込められています。そう簡単に、この憲法九条を改正する議論をやってもらっては困るし、やるべきではないと思うのです。

私の母親もそうですが、戦争で未亡人になった人が全国に何百万人といて、幼い子どもを抱えて苦労しておられた。そういう人たちが報われるような国にする道は何かといったら、平和憲法を守って戦争をしない国であり続けることが一番大事ではないですか。だからそのために私は国会に出てきたのです。

九条の維持が中国、韓国との信頼を生む

あの平和憲法というもの、九条というものをわが国が持ったということによって、いくつか大事なことが生み出されました。その中でも特筆すべきは、あの大東亜戦争を引き起こし、世界の国々に大きな迷惑をかけ、いい知れない損害を世界の国々にも与えた日本の国が、そのことに対するお詫びをしているという意味

あいをも、平和憲法というものが持っているということです。

平和憲法は、日本の国が再びああいう戦争を起こしてはいけないということと同時に、世界の国々に与えた戦争の傷跡に対するお詫びをも世界の国々に対して発信をしているのです。だから私は世界遺産だと言っているし、なくしてはならないものだと申し上げているのです。

日本がアジアの国に対して与えた損害というのは、今でも影響が残っています。中国にとってみれば、南京事件[25]というのは現実のこととして残っている。今なお戦時中の不発弾の処理もされています。現場に行ってみるとそういうものがまだ残っているのです。韓国についても残っている問題がたくさんあります。

それらに対して「お詫びを申し上げる」と言うと、「そんなことは必要ないよ」と言う国会議員もたくさんいます。戦後生まれの人たちの中には「そんなの、冗談じゃねえよ」と言う人もいる。

25、一九三七年末、日本軍が中国の首都南京市を占領した際、中国軍の捕虜や一般市民などに対して殺傷や暴行を行ったとされる事件。日本政府も、被害者の具体的な人数については諸説あり認定できないが、日本軍の南京入城後、非戦闘員の殺害や略奪行為等があったことは否定できないとしている。

けれども、そういう過去の過ちへの反省は、あの平和憲法の中にも含まれていて、だからこそ九条を維持し続けるというぐらいの誠実さと謙虚さが、この日本の国には必要なのです。そうやって初めて、中国とも韓国とも本当の意味での信頼関係ができると私は思います。

一つ穴が開いたらおかしくなっていく

私は最初に国会に出るときから、憲法九条を守ろうという立場でした。それだけを言おうと思って国会に出てきたといっても過言ではありません。憲法九条を私は守り抜くのだ、それを貫くのが私の使命だ、それが政治家として一番大事な志だとして、私は国会に来たわけです。だから選挙の度にずっと同じことを言ってきました。

そして私はこれまでも、自衛隊が戦争することにつながるものには、すべて反対してきました。九〇年代に成立したＰＫＯ法[26]は、人道支援に限ったものだし、また戦争地域でないところに限って出すのだということでしたが、それでも私は採決に当たって本会議を退席しました。

野中先生も言っておられましたけれども。やはり針の穴であっても一つ開いたら、ゆくゆくはおかしいところにいってしまうのです。後藤田正晴[27]先生も仰っていたように、戦争にかかわる風穴は小さな穴でもあけたらとんでもないことになってしまう危険性があるのです。

案の定、ＰＫＯ法が成立して約二〇年が経ち、次にはイラクに自衛隊を出すための新しい法案が国会に出されました。その国会での小泉純一郎さんの答弁を聞くと、自衛隊が派遣されているところは戦闘地域じゃないのだなんてバカげたことを言っていた。

26、国際連合平和維持活動（ＰＫＯ）等に対する協力に関する法律。一九九二年に成立し、自衛隊が戦後初めて海外に派遣されることとなった。

27、内務・建設・警察・防衛・自治官僚を経て政治家。衆議院議員（7期）、自治大臣、内閣官房長官、法務大臣、副総理（宮澤改造内閣）などを歴任した（一九一四年～二〇〇五年）。

そして現在にいたっている。最近まで自衛隊が派遣されていた南スーダンのことが話題になっていましたが、実際にどんどん戦闘地域に行くようになっている。

いくら歯止めをかけたつもりでも、一つ穴が空くと、運用が広がっていくのです。それが怖いから私はちゃんと反対をしたのです。

六　自民党内の改憲論議の問題点

憲法論議は必要だが

自由民主党の党是[28]は憲法改正です。そのことはよく知っています。もちろん、憲法に改正し、見直ししなければいけないところがあるのは、戦後七〇年以上も経っているわけですから、当たり前のことです。必要がなくなったところも生まれているだろうし、憲法によって日本人の文化や魂が失われているところもある

28、政党が決めた根本方針のこと。「とうぜ」と読む。

かもしれない。環境問題も検討しなければならないし、今の衆参の選挙制度もこのままでいいわけではないでしょう。

自民党が自主憲法制定[29]を謳っている以上、そういうものの議論は日々勉強を重ねなさい、しっかり議論しなさいと私も思います。そして変えるところがあったら変えなさい、入れなければいけないところがあったら入れなさい、というのが私の考えです。

さらに、憲法に関する議論というのは、与野党を問わず、国会に出させていただいている政治家として、一番勉強して研究して学習していく問題だと思います。

政治家の役割はたくさんあるけれども、もっとも大事なのは憲法についてつねに学習と研究、勉強を怠らないことです。自民党というのは憲法改正を党是としているわけですが、そうであればなおのこと、憲法についてのより深めた研究や勉強は当然しなければなりません。

29、結党時の「政綱」に「平和主義、民主主義、基本的人権尊重の原則を堅持しつつ、現行憲法の自主的改正をはかり」とある。

けれども憲法九条については一切改正してはダメだというのが私の政治活動の原点です。ここは曲げられません。九条一項、二項だけは一字一句変えないというのが、私の政治家としての信念であり、理念であり、哲学なんです。

戦争を体験した世代は九条を大事にしてきた

私の世代ですと、九条を守りましょうという理想を持つのに、自民党の中でも特別な努力は要りませんでした。ありがたいことに、私が属する宏池会[30]という政策集団は、九条を守ろうという志を持ってきました。宮沢喜一[31]さんも護憲論者、大平正芳さんも護憲論者、田中六助[32]さんも護憲論者。その流れを汲んでいるのが宏池会です。

派閥は違いましたが、後藤田正晴さんもまったく同じ立場でい

30、自民党で現存する最古参派閥。池田勇人が旗揚げしたのが始まりで、現在の通称は岸田派。

31、大蔵官僚を経て政治家。参議院議員（2期）、衆議院議員（12期）、大蔵大臣等を歴任し、内閣総理大臣（一九一九年～二〇〇七年）。

32、政治家（一九二三年～一九八五年）。衆議院議員（8期）、通産大臣、内閣官房長官、自由民主党幹事長などを歴任。

てくれました。一九八七年、イラン・イラク戦争[33]の余波でペルシャ湾に機雷がばらまかれ、船の航行が危険になったとき、アメリカから掃海艇[34]を出せという要求があったのです。中曽根康弘[35]首相はそれに応えようとしたのだけれど、官房長官だった後藤田さんは辞職願を懐に入れて、「国民にその覚悟ができていない」「できていないのに、総理がそんなことをやっちゃだめだ」と直談判したのです。それで中曽根さんも引っ込めざるを得なかった。

自民党の中で戦争を知っている世代、戦争を経験して戦後を生きてきた人たちが政権の中枢にあるときは、憲法問題についての議論は起きてきませんでした。しかし、そういう人たちがいなくなったときに、平和憲法を変えるという大きな議論が起きてくるのが心配だというのが、先輩たちの遺訓です。後藤田正晴さんに代表される、ある意味では野中広務先生にも代表される遺訓であり、みんなが持っていた危機感です。

33、一九八〇年から開始され、八八年に国連安保理の停戦決議を受け入れるまで行われた。双方の犠牲者は一〇〇万人程度とされる。

34、海上にまかれた機雷を除去する任務に当たる艦艇。戦後に日本海軍が解体された後も、掃海部隊は残されて朝鮮戦争でがかり出され、海上自衛隊に高い能力が引き継がれた。

35、政治家（一九一八年〜）。衆議院議員

「日本の民族は熱しやすくて冷めやすい。一つの方向が出たらワッとその方向に流れていってしまうという特性を持っている民族なんだ」ということは、野中先生がいつも言っていたことです。野中先生は最後の日本の軍人としての経験を持っておられた。そしてあの終戦直後、高知の桂浜で自害しようとしたときに、教官に止められ、日本の平和のために自分の生涯を尽くそうと決意されたと聞いております。

しかし現在、私たち戦争を知っている世代は、少なくなりました。今、わが国に解決しなければいけない問題が山積している中で、一番私が怖く、一番危機感を持っているのは「昭和」が遠くなっていくということであります。

国民の九割近くが戦後生まれです。国会議員にいたっては戦前生まれは衆議院一八人、参議院一〇人です。戦後生まれの人たちと、われわれのように戦争というものを体験し、戦争がいかに愚

（20期）、防衛庁長官、通産大臣、内閣総理大臣などを歴任。自由民主党では総務会長、幹事長、総裁など。

かなものであるかということを、体に染み込ませた世代との大きな違いを今、感じざるを得ないのであります。戦後生まれの人たちは、私たちの世代とは志の基本が違うようです。

簡単に乗り越えられてしまった専守防衛

戦争の経験がなく、それが生み出す貧困も愚かさも知っている人たちがいなくなった。そういう状況のもとで、今の政権が、安全保障だとか集団的自衛権[36]だとかを議論している。

だから、われわれが当選してきた当時の政権と今の政権では、安全保障にも違いが出てきています。それはある程度は認めなければいけないところがあるのかもしれない。議論を重ねていくわけですから何でもダメということではありません。そこはギリギリ許せる範囲というのは私も考えなければいけないところはある

36、日本が侵略された際に反撃する個別的自衛権に対して、他国を防衛するために武力を行使する権利のこと。

し、全部ダメというのではやっていけません。しかし、安全保障の最も基本的なことだけは貫き通さなくてはいけない。

一番腹立たしいといいますか、憲法にも違反するのではないかと思われるのは、集団的自衛権の解釈変更の問題です。集団的自衛権の行使は憲法違反だ、日本は専守防衛[37]でやっていくのだというのが、戦後の内閣がずっと維持し、国民も支持してきたことなのに、閣議だけでこの見直しを決めてしまった。本末転倒というか、国民の皆さん方に対して、取りかえしのつかない禍根を残した決め方だったと私は思っています。

しかも、日本の安全にとっても極めて危険なことだと思います。専守防衛を乗り越えて、戦争ができる方向に進んでしまったのです。

その上で憲法改正をやられたら、戦争をしないという九条によって宣言した誓いはどうなってしまうのか。それをわれわれは

37、日本が侵略された際に初めて武力を行使し、その態様も日本を防衛するのに必要な最小限度のものに留める政策のこと。

よく考えて憲法議論を見守っていかないといけません。戦争しないという根っこだけは守っておかなければいけない。

ですから、自衛隊のことを憲法に書かせてもダメだという議論になるのです。一項、二項とも残して自衛隊のことを書くと言いますが、少しでも憲法九条改正につながるようなことは針の穴程度でもやってはダメなのです。

そもそも自衛隊のことを今は書く必要がないではないか。どういう方法で書くにしても、書く必要のないことはやめておきましょうということが私の持論なのです。それが、九条一項、二項を守るということにつながると思うのです。

理想を実現するために政治は存在する

そういうことを私が発言すると、すぐに反論されることがあります。とりわけ、わが国の安全保障体制や戦後政治、平和という問題に取り組んだ経験の浅い若い国会議員の先生方からです。

「古賀さんの言うのは非現実的で、とてもじゃないけども、それで日本の国の安全平和は大丈夫なのか」

「隣の国を見てください。北朝鮮が毎日のように、ミサイルや核兵器の実験をしているじゃないですか。アメリカも中国もどれだけの軍事費を国の予算の中で使っているのか。それ相応の装備を持って、日本の国も万が一のときにはそれに立ち向かうだけの軍備は必要でしょう。憲法九条を守るだけで日本の平和が国民に約束できるのでしょうか」

そう疑問を投げかけられるのです。

しかしそれでも、そういう戦後生まれの人たちに対して、理想を実現するために政治はあるのだ、その原点に帰りましょうと働きかけ、理解者を増やしていかなければいけません。それが自民党に課せられている最大の命題、責務だと私は思います。

戦後生まれの人たちだからしょうがないとあきらめるのではなくて、先人が九条に込められた精神をしっかり教え込んでいく教育の場を持たなければなりません。それがわれわれの大事な仕事だと思うのです。

私は次のように言います。

「あなたが言うようなことを、みんなが言うような国にしてはいけない。国民にそのような、平和を本当に貫くことができるかという疑問を持っていただかないためにも、この九条は頑として守り抜かねばならない。この平和憲法九条は国民の決意であり覚悟なんです。理想に向かってそれを実現するためにがんばる、努力するものです。日本の国は世界遺産のようなすばらしい平和憲法を持ったんだから、この九条を守るのがわれわれの責務であり使命であり命題です。理想を実現するために政治はあるんじゃないですか」

こう言い返しているのです。そこまで言うと、この議論は終わるのです。

信念、そしてあの憲法九条に込められた決意と覚悟、これさえしっかり持てば、日本はよその国と同じような道を歩く必要はない。これが私の結論なのであります。だから世界遺産なのです。私は日本の宝として後世の人たちへの贈り物として、守り抜いていくために、ここはしっかりとがんばり抜きたい。

自民党の現職の国会議員にも

「人を出さずに金だけ出して国際貢献といえるのか」という議論があります。「よその国は血を流している、日本の国はそれを流さないでいいのか」という議論です。

しかし、平和主義というのはそういうことなのです。血を流すのか、いや流さない。人を出すのか、いや出さない。それが日本の憲法なのです。

憲法の理想はいいが現実的でないという人もいます。けれども、誠実な理想を実現することを掲げ、それに向かっていくために政治はあるわけです。日本の場合、平和憲法という最高法規が理想をめざしているのだから、それを実現するように頑張るのが政治でなければならないのです。それを実現するためにわれわれは政治家になっているのです。

自民党の現職の国会議員の先生にも、私はいろいろお願いしております。やはり平和に関することにはモノを言ってもらいたい。「安倍さん、それはおかしいばい。こういう考えもあるよ」という一言を、やはり言える国会議員であってほしいです。この頃、そういう先生もあらわれてきました。

自衛隊を憲法に書き込まなければいけないという自民党の議論の中でも、何人かの先生が「何のために書くのか。『自衛隊は違憲か合憲か』に答えを出すためだけなら意味がないじゃないか。いやむしろそれだけで終わればいいけども、それが集団的自衛権やいろんなところに波及していき、結果として自衛隊の皆さん方の命が危うくなるような、そういう国になってしまうのではないか。防衛省の日報[38]などがあんなにずさんで、本当に日本の平和は大丈夫なのか。シビリアンコントロール[39]なんて言っているけども、それがちゃんと守られているのか」などと、自民党内の部会やいろんな立場で発言をしてもらっています。

今はまだ数人の先生方かもしれません。しかし、これが一〇人になり、一〇〇人になるということが、私は安倍政権が高く評価されるためにも必要なことだと思います。

よく「安倍一強、安倍けしからん」という議論が党内でもあり

38、南スーダンに派遣されていた自衛隊の部隊が、現地での戦闘拡大などの事情を日報でとりまとめていたにもかかわらず、政府・防衛省がその存在を隠していた疑惑のある一連の問題。

39、文民統制のこと。政治家が軍隊を統制するという政軍関係における基本方針であり、軍事に対する政治の優先を意味する。

ます。しかし、けしからんという前に、あなたは国会議員として政権与党の自民党の議員として、何か安倍さんに言ったのか？何か大事な部会の中で発言したのか？　何もしないで、安倍さんは強権、一党独裁と言うのは、ずるいんじゃないか。批判をする前に、必ず批判に足り得る命題に自分は答えを出しているのだろうか、責任を果たしているのだろうかということのうえで、批判するべきだと私は思うのです。

なんと今、身勝手な政治状況の中で政治が行われているのか。悲しさとむなしさを覚えるのであります。

七　政治の貧困が大きな犠牲を生んだ
——戦争の最後の一年

私のこれからの政治人生の中に、二つのテーマを自分なりに持たせていただいています。一つはわが国の平和のために何をなすべきか、ということであります。それは政治の貧困を招かないことだと思うのです。

今申し上げたように、真正面から議論もせずに「安倍一強はけしからん」と言うのは簡単です。しかし、それだけでは政治をだんだんと貧困におとしめ、そして、取り返しのつかない道をまた歩いていってしまうことになります。この政治の貧困だけは招かないように、政治の集大成として今、できることは何かを考えていかねばなりません。

父が亡くなった戦地で考えたこと

私は野中先生に背中を押してもらって、父が亡くなったフィリピンのレイテ[40]を訪ねたことがあります。私が二〇〇一年に日本遺族会の会長になったときです。

野中先生が「古賀くん。あんた日本遺族会の会長になったそうだけど、あんた自身はお父さんが亡くなった戦地を訪ねて、遺骨はないだろうけども魂は迎えに行ってくれたのか」と言われました。

私は、「ぬくもりも面影すらもわかず、記憶には存在しない父

40、レイテ島では一九四四年一〇月から終戦まで日本軍とアメリカ軍の激しい陸上戦闘が行われた。参加した日本兵のほとんどが戦死し、その総数は七万余にのぼる。

親の魂に直面したとき、父親が亡くなった戦地で、自分がどういう思いと苦悩を持つことになるのか、怖さもあって実はまだ行ってないんです」と答えました。

そうすると、「バカ野郎。日本遺族会の会長が自分の父親の死んだ戦地にも行かずに、遺族の気持ちが分かるのか。亡くなった英霊の魂を君はどうやって理解しようとするのか。俺が付いていくから一緒に行こう」と背中を押していただきました。

二〇〇三年二月九日、野中先生と一緒に、フィリピンのレイテの、父親の部隊が亡くなった戦地を訪ねました。そこはジャングルでした。

その日は雲一つない快晴で、父親が好きだった地元の地酒や米や野菜などを持参し、簡単な祭壇をつくりました。そして亡くなった母親の慰霊を飾ったとたんにスコール[41]です。

野中先生が私に「ほら、来てよかったろうが。息子がやっと迎

41、激しい天候変化（豪雨、落雷あるいは大雪など）を伴う急激な風速の増加現象。

えに来てくれた。親父がこんなに喜んでくれたじゃないか。涙雨だ。さぁ親父の魂を持って帰ろう」と言って慰めてくれました。

いくつもある洞窟の中に入って、私は、この異国の南国の遠い島で、父親や一緒に亡くなった兵士の人たちは何を思って死んでいったんだろうかと考えました。敵の弾で死ぬのではなく後方支援の全く途絶えた戦地で、病気にかかって、死を覚悟しなければいけない極限状態の中で、多くの兵士たちが思ったことは、おそらくただ一つだったでしょう。

「なぜ自分がこの異郷の南国の島で短い人生の幕を閉じなければいけないのか。何か悪かことをしたのか。罰せられなければいけないのだろうか」

みんな答えが出せないままに死んでいっただろうと思います。声なき声を一つでも多く、しっかりと胸に刻んで帰るのは自分の使命だと思いました。

はっきりしていることがあります。自分がここで人生を終えるのは無念だけれど、故郷に残してきた妻や子どもに一日も早く安寧な生活が訪れるならば喜んでこの命はここに捧げよう。そう思ったんではないかと思います。

政治の貧困が生んだ最後の戦いと大量の犠牲

一九四一年、日本は大東亜戦争に突入しました。真珠湾攻撃を行うように仕向けられ、戦争に入っていきました。そして一九四四年、マリアナ沖海戦[42]で日本は一番大事な生命線を連合軍[43]にとられるわけです。

私は政治の貧困ということに関して、あの大東亜戦争のこの一九四四年のことをしっかりとふりかえる必要があるだろうと思うのです。終戦までの一年間のことです。

42、太平洋西部にあるマリアナ諸島の争奪をめぐる日米の戦争。アメリカ海軍が圧勝して日本海軍の空母機動部隊と海軍航空隊が事実上壊滅し、西太平洋の制空権、制海権をアメリカが掌握した。

43、第二次大戦で枢軸国（ドイツ、イタリア、日本など）と対抗した連合国（アメリカ、イギリス、ソ連など）の軍隊。

マリアナ海戦の敗北によって、日本は絶対国防圏[44]であった、グアム・サイパン・テニアン、この三つの島を連合軍に奪われました。この島からだと敵機は日本の本土に直接来襲できるのです。だからＢ29はテニアンを出発し、翌年の一九四五年八月、広島と長崎に原爆を投下しました。

マリアナ沖海戦に敗れたときに、日本の防衛圏はすべてを丸裸にされていました。「これだけの戦況の中でまだ戦争するのか。日本の国民のためにやめてくれ」と連合軍が言いましたが、時の首相の東條英機[45]さんが内閣を総辞職し、戦争を続けるという決断をしたため、その後一年、一九四五年八月一五日まであの悲惨な戦いは続いたのです。

戦争が始まって、マリアナ沖海戦までに尊い命を失った日本の兵士は一〇〇万人。海戦から終戦を迎えるまでの一年二か月で失った尊い命は二一〇万人です。

44、先の大戦で劣勢に立たされた日本が本土防衛のために必要不可欠として防衛を命じた地点・地域。

45、一八八四年生まれ。軍人として陸軍次官、陸軍大臣、参謀総長を経て、四一年一〇月より内閣総理大臣となり、アメリカとの開戦を決断した。東京裁判で絞首刑が言い渡され、四八年一二月に執行。

政治の貧困そのものでしょう。一軍人の暴走だと言いますが、一軍人による暴走を止めることができなかった政治の責任はどこにあるのか。まさに政治の貧困の象徴があの一年二か月の戦いです。

私の父親が死んだのは一九四四年一〇月ですから、六月に仮に日本の国が戦争を終結していたら、ひょっとしたら助かっていたかも分かりません。歴史ですから、もしもは言えないことであろうと思いますが、肉親としてそう考えると残念でなりません。

しかし、日本は一九四五年八月一五日まで戦いを続けました。そして、世界で初めての被爆国となり、世界に類のない一〇〇万人を超える被害者を出した東京の大空襲[46]、硫黄島の玉砕[47]、そして、お年寄りや子どもたちまでも巻き添えにした沖縄の地上戦[48]。政治の貧困が招いた大きな犠牲と言えましょう。

46、四五年三月一〇日、米軍が東京下町に行い、一夜で死者一〇万人以上、罹災者一〇〇万人以上を出したの夜間空襲。

47、一九四五年二月から三月、小笠原諸島の硫黄島で行われた日米の先頭で、日本兵二万余のうち九六%が戦死した。

48、四五年三月から六月に行われ、民間人九万人余を含む二〇万人以上（米兵二万余を含む）が犠牲となった。

憲法は権力者の権力行使を抑制するための最高法規

なんとむごいことでしょう。政治の貧困が一瞬にしてこれだけの大きな犠牲を生んでしまう。私たち政治家は、票をいただいて当選することも大事、いろんなポストの中で大きな仕事をさせていただくことも大切です。しかし、政治家が考える第一は、わが国の平和でなければなりません。

そもそも「憲法九条改正」など、ときの権力者が言うことではありません。憲法は国民のものなのです。憲法は権力者の権力行使を抑制するための最高法規です。私は安倍総理の評価すべきところは評価すべきとは思いますが、憲法の「九条改正」についてはあまりにも拙速すぎると不安です。

八　靖国神社のA級戦犯は分祀を

靖国神社で「昇殿参拝はしない」といった母親

私のこれからの政治人生の中に、二つテーマがあると申しましたが、もう一つは靖国の問題です。靖国の問題について一つだけ、国民の皆さんにもご理解、ご協力してもらえればありがたいと思っていることがあります。

平成の時代の天皇が今年四月三〇日にご退位され、上皇となれました。上皇には、戦没者の英霊、遺族の悲願であります靖国の杜にお参りをいただけませんでした。昭和天皇は、過去四回、戦後の節目、節目でご参拝いただいているのですが、あるときから昭和天皇もご参拝はできなくなりました。

私は国会議員になって一度だけ母親を東京へ呼んだのです。母は喜んでやって来ました。私にとって一回きりの親孝行だから、なんでものぞみをかなえてやりたいと思い母に聞くと、母は「靖国神社に参りたい」の一言でした。

私は、母親の手をひいて靖国神社に行きました。しかし、靖国神社に昇殿[49]参拝できるように準備をしていたのに、母親はなんと「社頭[50]でいい」というのです。

「せっかく用意したから、祝詞をうやうやしくあげてもらって親父の供養をしよう」と言ったら、なんの学識もない母親がぽつりとひと言、「ここは赤紙[51]を出した東條さんも一緒やろ」と言い

49、拝所で賽銭を入れ、参拝するのではなく、正式に社殿の中に上がり、参拝する方法。

50、社殿に入らず、その前で参拝する方法。

51、旧日本軍の召集令状の俗称。色が赤かったことから来る。

ました。父親を出征させた責任者である東條英機さんもここに祀ってあるだろうという意味だと思います。

「みんなで靖国神社に参拝する国会議員の会」[52]の会長も私はしましたが、それ以来一切、昇殿参拝はやめ、社頭参拝に留めています。確かに母親の気持ちは痛いほど分かります。そして、それは母親の気持ちだけでなくて、多くの戦没者、英霊の皆さんたちを持つ肉親の気持ちだと思いました。

Ａ級戦犯の靖国合祀は戦後政治の否定である

今、私は靖国神社に合祀[53]されたＡ級戦犯[54]、今でいう昭和殉難者一四人、この人たちの分祀を必死になってお願いをしていますが、なかなか思うようになりません。なぜか。

いろんな考え方がありますが、つまるところ、あなたはＡ級戦

52、超党派（共産、社民を除く）の議員連盟。

53、「ごうし」と読む。神道の用語で、一つの神社に複数の祭神を祀ること。別の神社に祀るのが分祀（ぶんし）。

54、東京裁判で「平和に対する罪」で裁かれた戦争犯罪人のこと。裁判所条例Ｂ級は通常の戦争犯罪、Ｃ級は人道に対する罪とされていた。

犯を認めるのか、認めないのかという議論、東京裁判[55]が正しいか、正しくないのかという議論になってしまうからです。

そもそも、A級戦犯は犯罪者ではないという日本の国内議論が、世界で通るわけがない。中国や韓国から言われたということではありません。A級戦犯を靖国に祀ったことにより、サンフランシスコ講和条約[56]が反故にされてしまっていると私は思います。

サンフランシスコ講和条約は東京裁判の結果を受け入れて結んだのであって、その結果日本は国際社会の仲間入りができました。そして、サンフランシスコ講和条約が成立して初めて、民主主義を土台にして日本の戦後政治が始まっているのです。

今ごろになって「東京裁判は勝手に戦勝国がやった裁判ではないか、あんなのは認められない」なんていうことを主張する人がいます。しかし、日本の国は間違いを犯したのです。だから間違いを犯したA級戦犯を靖国に祀ることにより、日中や日韓の関係

55、正式名称は極東国際軍事裁判。連合国が戦争犯罪人として指定した指導者二八名を裁き、裁判中に病死した二名と病気によって免訴された一名を除く二五名が有罪判決を受け、うち七名が死刑。

56、日本と連合国が終戦を法的に確定させた条約（ソ連は参加せず）。東京裁判の結果を受諾することも明記されている。

がおかしくなるというのは当たり前のことなのです。サンフランシスコ講和条約に違反するようなことを言って、それで通るわけがないのです。

ですから、中国や韓国がA級戦犯の合祀を批判するのは内政干渉でも何でもない。日本は中国に対しても韓国に対しても、「内政干渉をするな」と言える道理がないというのが私の意見です。

憲法九条にはそういう日本の反省が含まれています。ですから、九条は大事に考えなくてはいけないし、それを私たちが誠実に忠実に、次の時代につないでいくことが大切ではないかと思います。

遺族会への何の相談もなかった合祀

しかも、あの東京裁判を認める、認めないとか、そんなことよりも、もっと大事なことがあります。あの戦争を続けた責任者、あの大きな犠牲を生んだ責任者は、その責任をちゃんととる必要があるのではないでしょうか。

昭和天皇はA級戦犯が合祀されて以来、靖国に足を向けられていませんし、現在の上皇も結局、靖国にお参りができませんでした。はっきりしているでしょう。合祀される前は、昭和天皇はお参りをされていたのです。

なぜ合祀されたのか。私に言わせればとんでもないことです。一九六六年、厚生省は法務死と認められたご英霊の祭神名票を、靖国神社に送付しました。七〇年には靖国神社の崇敬者総代会で合祀が決まりました。

しかし、当時の筑波藤麿という第五代宮司は、きわめて天皇陛下に近い、宮内庁寄りの宮司で、一四人柱の昭和殉難者、すなわちA級戦犯の人を合祀するといろんな問題が生じてくる危険性が高く、不安があるので、靖国神社宮司預かりとして靖国神社の祭神には入れていませんでした。だから昭和天皇は堂々と参拝ができました。近隣諸国のいろんな批判を受ける必要がなかったのです。

一九七八年、筑波宮司が亡くなったあと、第六代宮司に松平永芳さんが就任して、最初の秋の例大祭[57]の前の日に、夜中ひそかに一四祭神名票を入れたというのです。それが明らかになったのはその翌年の一九七九年。共同・朝日両新聞がスクープし、遺族会は大騒動になりました。

何の議論も、遺族会への何の相談もなかった。合祀した松平第六代宮司が何を考えていたのか、なぜ配慮ができなかったのか。私は靖国神社に行き、宮司と大激論をしました。

学問的なことは私にも分かりません。歴史学者たちが、いろんな観点でいろんな議論をしてくれていますが、それは勝手な議論

57、靖国神社が春と秋に行う最も重要な祭典。一般には、その神社の祭神、あるいは神社に特別の由緒がある日である事が多く、人物神を祀る神社では主にその人物の誕生日や命日となり、特別な由緒のある日を持たない神社では春祭り・秋祭りを例大祭とする場合が多い。

だと私は言っています。その人たちと私は違う。父を亡くしたんです。父だけではなくて、三〇〇万を超える尊い命をあの戦争で亡くしました。誰が責任を取ったのか。政治の貧困だけで事足りるのか。戦後我々日本人は自らこの戦争を総括することを放棄してしまった。誰かが責任を取らねばならぬことは当然でしょう。それは誰かと言えば衆目の一致するところA級戦犯でしょう。

天皇陛下の到来を待ち望んでいる英霊の御霊

靖国の杜に眠っている英霊の御霊《みたま》は、多くの国民の皆さんのわだかまりのない、「あなたたちのおかげで今の日本があります。いろいろあってもこうやって平和な国です。ありがとうございます」というお参りを待ち望んでいるのです。とりわけ天皇陛下のご参拝を待ち望んでいるのです。

難しい理屈はいい。難しい理屈を言っているのは今、生きている人たちの議論です。あの靖国の杜に鎮まった人たちの無念の声を聞くべきでしょう。

上皇には、靖国の杜に鎮まる英霊にお参りができないかというお気持ちが、きっとおありになったと思います。サイパンや硫黄島やフィリピン、また酷寒の遠い中国等に英霊の御霊の慰霊巡拝として数多く足を運んでいただいている。そのお気持ちは靖国の杜にお参りできないという悔いにも重なっていくのかなと、そういう気がいたします。

私も七九歳になります。平均寿命が延びていますので、あと五年、生きてみたいなと思っています。上皇の靖国へのご参拝は、時間も足りないし、私どもの力不足もあり、かないませんでした。

しかし、靖国の杜の英霊が、天皇陛下に参っていただく環境のためにがんばろうという人がいないということを知ったら、どれほど悲しまれるだろう。そう思うと、一人でも、二人でも多くの人があの英霊に対する尊崇の念と、この日本の国が平和で今日まで来ることのできた感謝と、そうした思いを忘れてはならないのではないかと思います。

それがひいては平和憲法を守り抜く道ではないか。世界遺産、平和九条、われわれの心の叫びとして守り抜くことこそ私の責務だと覚悟しなければならないと思います。

九　憲法九条を大事に思う人は協力し合って

国民の改憲論議が盛り上がらない理由

安倍首相は憲法改正案の国会提出を急いでいるようですが、なかなか難しいと思います。野党との話し合いも平行線のままですし、何を根拠にそんなに急いで出さなければいけないのか、そこがまったく見えてきません。

とくに決定的なのは、国民の憲法改正に対する盛り上がりが極めて少ないことです。憲法改正が必要だと言う人はそこそこいますけれども、しかしなぜ今すぐやらなければいけないかということになると、誰が見ても説得力に欠けるので、なかなか盛り上がってこない。

やはり経済の問題だとか、社会保障の問題だとか、それらが国民にとって一番身近で一番期待するものであって、憲法改正をそう慌てて国会に出す必要性が何も見えてきません。

憲法は国民のものですから、それを改正するという場合は、国民の盛り上がりをもっとも大事にしなければいけない。とくに九条というのは、憲法の根幹ですから、国民の意思をしっかりと見て、国会で議論するならば徹底的に議論をする、そして最後に国民の審判を受けるわけです。

そうであれば、国会で三分の二の議席を持っているからといって、あるいは安倍さんが総裁選挙で三選されて力が強いからといって、進めるべきものではありません。国民のコンセンサスがどれだけ広がっているかということが大事であって、できれば全党、少なくとも政党の大半が理解し、機が熟するという状況が何よりも必要なことだと私は思います。

現在、そういう状況になっていないのです。ですから、国会で議論する場合、慎重な上にも慎重に、それこそ謙虚に誠実に取り扱う問題だということを総理は忘れてはいけないと私は思います。

野党とその背後にある国民世論を重視してほしい

安倍首相は三選後、自民党の憲法改正推進本部や国会の憲法審査会のメンバーを入れ替え、臨時国会で改正案を出そうとされました。そのため、野党との協調を重視してきた方々をやめさせ、新しい方々を配置しました。その狙いは議論のスピード感を高めていこうということだったと思います。下村博文推進本部長は、改憲論議に消極的な野党を「職場放棄」と批判しました。

しかし、結局、野党の批判が強く、下村さんは審査会の幹事を辞めざるを得ませんでした。これは、野党の批判でひるんだということではなく、その背後にある国民の世論を気にしたということでしょう。

新しいメンバーがどういう姿勢で取り組んでいこうとされるのか、憲法問題をどこまで国民に納得してもらえるかということは最初のハードルになる。ただ改正すればいいんだということでどんどん進めていこうとするのか。そうではなく国民の目線にたち、各党の意見も充分耳をかたむけ、謙虚に誠実に進めていこうという考えなくして前進はむずかしいと思います。

自民党支持者も共産党支持者も平和への思いは同じ

九条を大事だと考える人々は、立場の違いを超えて協力し合う必要があります。私が講演会などで招かれて行こうとすると、「これこれの団体は共産主義の考え方の集まりですよ」とか、「これは右翼の集まりだ」とか言われることがあります。「あなたはどちらにも講演にいくのですか」と不思議に思われるようです。

共産党の「しんぶん赤旗」[58]にも登場したことがありますが、まったく躊躇しませんでした。だって目的は一緒なのですから。

手練手管ではないけれど、戦略的なものとか戦術的なもので、違いは大いにあります。支持層の違いも大いにあります。しかし、自民党を支持している人も共産党を支持している人も、平和について言うならばみんな一緒です。「冗談じゃない、戦争いやだよ、俺の子どもは殺させたくない」とみんな思っているのです。保守

58、日本共産党が発行する機関紙の名称。毎日発行される日刊紙と、週に一回刊行の日曜版が存在する。筆者は二〇一三年六月二日付の日曜版に登場し、当時浮上していた憲法九六条改正に反対するとともに、九条に示される平和主義の擁護を訴えた。

だから革新だからという垣根をつくっても意味のないことなのです。

保守的な自民党の政治にもいろいろな評価もあるし、負の遺産もあります。しかし同じようなことは革新にもあると思うのです。自分たちの政党の持っている政策とか理念の違いですから。けれども、平和というのは、革新だ保守だというような理念だとか政策を超えたものなのです。そこだけは一緒にやっていけるという信念が私はあるので、九条を守っていこうということを言ってもぜんぜん恥ずかしくないし、自民党執行部から「なぜ「赤旗」のインタビューに答えたのだ」と批判される心配もしていないのです。

誰もが平和は尊いと言っているし、絶対に戦争はやってはいかんと考えている。ただ、平和への入り口や登り口にいろいろな意見があって、そのために違いが出ているだけなのです。平和の願いが同じものである以上、戦後生まれに対してであれ、戦前生まれに対してであれ、われわれは戦後の七五年の歩みをしっかりとお話ししながら、登り口は違っても行き先が同じであれば理解し合えるときが来ると信じています。

ですから、九条については「戦前生まれの人たちだからこんなことを言うのは当たり前だよね」で済ませずに、目的が同じである以上、やはり過去と歴史を学び、同じ考えにいたるよう努力すべきだと私は思っています。だからどんな場にも出ていくのです。どこにでも出て、私は自分の考えを伝えることが使命であります。

あとがき

二〇一九年夏の参議院選挙が終わりました。令和の新しい御代になって最初の国政選挙でしたが、勝った政党も負けた政党もいないという盛り上がりのない結果に終わりました。ただし、山本太郎氏の率いる「れいわ新撰組」が比例で二〇〇万票を越える支持を得たのが何を意味するかは、真剣な検討が必要でしょう。

選挙の結果から、この国の政治リーダーが唱えているように、憲法改正の優先順位が高いという結論を導きだすことはできません。戦後で二番目に低い投票率が目立ちました。憲法というのは、国のかたちをどうしていくのかということですから、多くの国民の決意があって成り立つものです。国民の総意によって決められるべきものです。与野党ともそこをどう捉え、分析するのか、考えないといけません。

　私も、残りの人生で何を残し、何を国民のみなさんにお願いするのか、大げさかもしれませんが、その「志」が問われる年齢になりました。トゲのある門松を人よりは少し多くくぐってきた人間として、素晴らしい文化、芸術、伝統、歴史のあるこの国に誇りを持ちつつ、戦後生まれの人が多数になっているこの国で、国民に大切にしていただきたいことは何か、私に託されている使命は何か、深く考えたいと思います。

　この本では、私の生まれ、育ちを正直にお話ししました。忸怩たるお恥ずかしいこともありますが、本をつくるにあたってお世話になった方にはお礼を言いたいと思います。この本を手にしてくださった方が、たとえ一人であっても、私が歩いてきた道と、それが生み出した「憲法九条は世界遺産」という主張に共鳴していただければ、それに優る幸せはありません。

人の人生はいつか消え去るものです。しかし、素晴らしく美しい歴史を刻んだ日本は悠久に続きます。私の愛する生まれ育ったふるさとも永遠のものです。その願いを込めて、限られた残りの人生を精一杯生き抜いていきたいと、改めて決意しています。

古賀 誠（こが・まこと）

1940年8月5日、福岡県山門郡瀬高町（現みやま市）に生まれる。1965年、日本大学商学部を卒業。1980年、第36回衆議院議員選挙で初当選、以後10回連続当選。1992年～93年、自由民主党総務局長就任。1996年～97年、第2次橋本内閣で運輸大臣就任、初入閣。1998年～2000年、自由民主党国会対策委員長。2000年～01年、自由民主党幹事長。2002年～12年、日本遺族会会長。2006年、宏池会会長就任（現在は名誉会長）、2007年～09年、自由民主党選対委員長、2012年政界を引退。

憲法九条は世界遺産

2019年9月14日　第1刷発行

著　者　ⓒ古賀誠
発行者　竹村正治
発行所　株式会社　かもがわ出版
〒602-8119　京都市上京区堀川通出水西入
TEL 075-432-2868 FAX 075-432-2869
振替　01010-5-12436
ホームページ　http://www.kamogawa.co.jp
印刷所　シナノ書籍印刷株式会社

ISBN978-4-7803-1045-0　C0031